BISCUITS AND SCONES

|イギリスのお菓子教室| 型なしでつくれるビスケット。混ぜて焼くだけ！

ビスケットとスコーン

英国菓子研究家　砂古玉緒

講談社

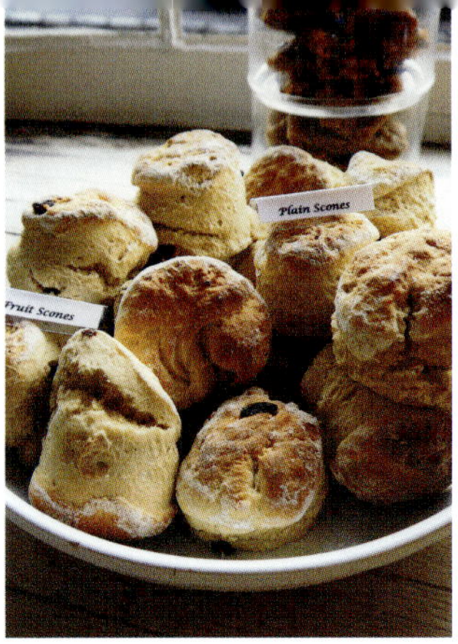
Plain Scones
Fruit Scones

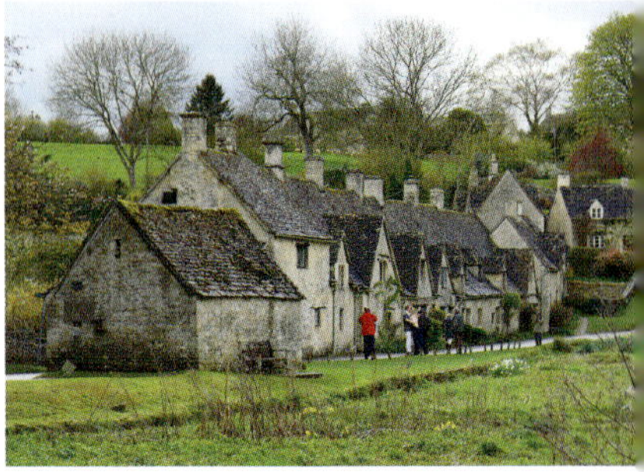

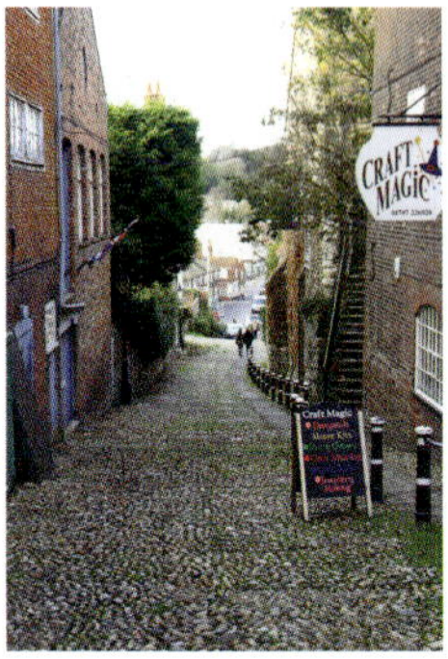
CRAFT MAGIC
Craft Magic

はじめに

お茶の時間が、生活の中に溶け込んでいるのがイギリスです。
それは驚くばかりで、忙しい毎日にまぎれることはなく、お茶の時間を持つのです。とても自然に周りの人たちと楽しむ。そのときに必ずあるのが、ビスケットとスコーン。学校や職場で飲むお茶には、ビスケットが欠かせません。マグカップになみなみと紅茶をいれて、ビスケットといっしょにティータイムです。また、お家で友人と楽しむティータイムでは、スコーンとマグカップの紅茶でクリームティー。学校へ子供を送った後、ちょっとお茶を飲みましょうとか、昼下がりにティールームで、ゆっくりとした時間を、スコーンとお茶で過ごすのです。
イギリスのスーパーのパン売り場には、豊富な種類のスコーンが並んでおり、パンといっしょにその日のスコーンを選びます。またビスケット売り場はそれは巨大で、その大きさに目を見張ります。ビスケットの種類も多いうえに、同じビスケットでも数社のメーカーから出ているので、ビスケットの棚はぎっしりです。
そんなビスケットとスコーンも手作りは格別。わずかな時間を見つけて、キッチンにある材料で、ささっと作って楽しみます。小さなときから身についた豊かな時間。暮らしに溶け込む、このゆったりとした時間。
それはすぐに、私たちの日々の生活に取り入れられるもの。お茶と焼きたてのビスケット&スコーンの香りに包まれて、しあわせなティータイムを楽しんでもらいたいと思います。どこでもいつでも、おいしくしあわせになれるのがビスケットとスコーン。本書が、毎日のお茶の時間のお役にたてたらうれしいです。

英国菓子研究家　　砂古玉緒
Tamao Sako

3　はじめに

6　Column イギリスのビスケットとスコーン

7　**PART 1**
素朴でおいしい！　毎日食べたいビスケット

8　イギリス・ビスケット・チャート

10　基本のプレーンビスケット

12　オートミールとレーズンのビスケット
　　オートミールとココナッツのビスケット

14　全粒粉のビスケット

16　クランベリーのドロップビスケット

18　レモンビスケット
　　ジンジャービスケット

20　くるみとチョコのビスケット

21　アルファベット・スタンプ・ビスケット

24　ラブリーマーブルビスケット

26　基本のショートブレッド

28　ショートブレッド・サム

30　オートミールと全粒粉のショートブレッド

32　チェリーとオレンジのショートブレッド

34　ストロベリー・ショートケーキ

36　基本のフラップジャック

38　フルーツとナッツのフラップジャック

40　デイツとジンジャーのスライス

42　Column ビスケットとスコーンでイギリス式ティータイム

この本のお約束
◎計量について：大さじ1＝15㎖、小さじ1＝5㎖
◎材料について：ベーキングパウダーはアルミニウムフリーを使用。
　生クリームは純生クリーム（乳脂肪分35％以上）を使用。卵は常温に戻しておきます。
◎道具について：泡立て器の代わりにハンドミキサーを使ってもOK。
◎オーブンについて：焼く前にあらかじめ温めておきます（P72参照）。

43 **PART 2**
田舎のさっくりスコーンとロンドンのふんわりスコーン

44 イギリス・スコーン・チャート

46 基本のプレーンスコーン

48 オートミールのスコーン

ライ麦のスコーン

50 全粒粉のスコーン

52 紅茶のスコーン

レーズンのスコーン

54 カランツとくるみのスコーン

56 チーズとオニオンのスコーン

58 りんごとチーズのスコーン

60 ファットラスカル

61 オートミールの天板スコーン

64 チーズとマスタードのスコーン

66 バナナとブルーベリーのスコーン

68 基本のロンドンふんわりスコーンとレーズン入りスコーン

70 基本の材料図鑑

71 基本の道具図鑑

72 お菓子作りで失敗しないためのQ&A

73 **PART 3**
あこがれのイギリス流ライフスタイル

74 イギリス流プレゼントのラッピング

75 アンティークは今でも現役

76 おすすめのティールームめぐり

79 おわりに

イギリスのビスケットとスコーン

イギリスの国民食ともいわれるビスケット。イギリスではビスケット、アメリカではクッキーと
呼ばれる焼き菓子です。
昔、保存食用として二度焼きした固いパンが始まりといわれており、古いレシピは粉が多く、
スコットランドでは、オートミール（オーツ）を使ったビスケットが、たくさん作られていました。
時を経て、バターの含有量が増え、さらにチョコレートやジャムを加えた現在の姿になっていきます。
ビスケットはイギリス全土で作られていたので、各地のビスケットそのものが、イギリスの食の歴史と地方の
特色を表しているといえるのかもしれません。さらにショートブレッドやフラップジャックも、子供のころから
食べ慣れたものたち。お母さんが作ってくれるいつものおやつです。
もうひとつイギリスといえば、アフタヌーンティーのスタンドにのったスコーンが浮かびます。
イギリスではもっと手軽に、「クリームティー」と呼ばれる、スコーンにクロテッドクリームといちごジャムをぬって、
たっぷりの紅茶と楽しむスタイルがあります。
パン売り場には、普通にスコーンが売られており、日常の食べ物のひとつ。
けっしてあらたまったものではないのです。そして、スコーンは焼きたてがいちばん。
キッチンにある材料だけで作れるので、思い立ったときに焼いて、あつあつをどうぞ！

ビスケットとスコーンの保存方法

[ビスケット]
密閉容器に入れて常温で保存し、1週間以内で食べ切ります。日にちがたつにつれ、風味が落ちてくるのでお早めに。冷凍するときは、生地をラップに包み、保存袋に入れて冷凍します。2週間保存が可能。生地を室温で解凍してから、ナイフでカットして焼きあげます。

[スコーン]
密閉容器に入れて常温で保存し、2日以内で食べ切ります。焼きたてに食べるのがいちばんですが、冷凍もできます。焼きあがって冷ましたらすぐに、ひとつずつラップに包み、保存袋に入れて冷凍します。2週間保存が可能。食べるときは、室温で解凍し、オーブントースターなどで温め、表面がカリッとしたらできあがり。

クロテッドクリーム：乳脂肪分55〜60％前後のクリーム。濃厚でありながら、意外と口当たりはさっぱりしています。日本では大手スーパーやネット通販で入手が可能。

BISCUITS AND SCONES PART 1
素朴でおいしい！　毎日食べたいビスケット

イギリスでは、ビジネスマン、庭師さんなど、男性もビスケットのティータイムが大好き。
家でも外でも職場でもビスケットさえあれば！

BISCUITS CHART
イギリス・ビスケット・チャート

この本に登場するビスケットたちをご紹介します。
食感の違うショートブレッドやフラップジャックもいっしょに。
基本をマスターしたら、粉や入れるものを変えて作ってみましょう！

1　くるみとチョコのビスケット (P20)
2　ラブリーマーブルビスケット (P24)
3　アルファベット・スタンプ・ビスケット (P21)
4　基本のプレーンビスケット (P10)
5　オートミールとココナッツのビスケット (P12)
6　ジンジャービスケット (P18)
7　レモンビスケット (P18)
8　オートミールとレーズンのビスケット (P12)
9　全粒粉のビスケット (P14)
10　クランベリーのドロップビスケット (P16)

11　基本のショートブレッド (P26)
12　ショートブレッド・サム (P28)
13　ストロベリー・ショートケーキ (P34)
14　フルーツとナッツのフラップジャック (P38)
15　オートミールと全粒粉のショートブレッド (P30)
16　基本のフラップジャック (P36)
17　デイツとジンジャーのスライス (P40)
18　チェリーとオレンジのショートブレッド (P32)

BASIC PLAIN BISCUITS

BASIC
PLAIN BISCUITS

手で丸めて焼くだけ！ 素朴な味わいで基本の配合もシンプル。
粉や加える素材、形を変えるだけで、アレンジ自由自在です。

基本のプレーンビスケット

◎材料　直径3cm×20枚分
バター（無塩）　40g／グラニュー糖　40g／卵　35g／バニラオイル　3〜4滴
A　薄力粉　100g／ベーキングパウダー　小さじ½

◎下準備　バターを室温に戻しておく。

◎作り方
1　ボウルにバターを入れ、泡立て器でクリーム状になるまで混ぜる。
　　❖ バターがかたいときは、ボウルの底を少し温めながら混ぜるとよいが、
　　バターが溶けて液状にならないようにする。
2　さらにグラニュー糖を3回に分けて加え、その都度しっかりすり混ぜる。(a)
　　❖ 空気を入れるように混ぜ、ふんわり白っぽくなるまで混ぜる。
3　別のボウルに溶いた卵にバニラオイルを加え、2に3回に分けて加え、その都度よく混ぜる。(b)
4　さらにAを合わせてふるい入れ、木べらで混ぜてひとまとめにする。
　　2等分し、両手で直径3cmの棒状にのばし、
　　20等分（ひとつ約10g）にカットして丸め、平らにしてオーブンシートをしいた天板に並べる。(c)(d)
5　180℃のオーブンで10〜15分焼く。焼きあがったらクーラーの上で冷ます。

（賞味期間：密閉して常温で1週間）

a　　　　　b　　　　　c　　　　　d

OATMEAL RAISIN BISCUITS   OATMEAL COCONUT BISCUITS

OATMEAL RAISIN BISCUITS
OATMEAL COCONUT BISCUITS

オートミールと
レーズンのビスケット（左）

スコットランド生まれのヘルシーなビスケット。
風味豊かなオーツと、レーズンとの相性が絶品。

◎材料　直径4.5cm×11枚分
バター（無塩）　40g
三温糖　40g
卵　35g
バニラオイル　4〜5滴
A　薄力粉　60g
　　ベーキングパウダー　小さじ½
オートミール　40g
レーズン　30g

◎下準備
バターを室温に戻しておく。

◎作り方
1　ボウルにバターを入れ、泡立て器でクリーム状に混ぜる。
2　さらに三温糖を3回に分けて加え、その都度しっかりすり混ぜる。
3　別のボウルに溶いた卵にバニラオイルを加え、2に3回に分けて加え、その都度よく混ぜる。
4　さらにAを合わせてふるい入れ、オートミールとレーズンを加え（a）、こねすぎないように、木べらでさっくり混ぜ、ひとまとめにする。
　　11等分（ひとつ約20g）にして丸め平らにして、オーブンシートをしいた天板に並べる。（b）
5　170℃のオーブンで10〜13分焼く。
　　焼きあがったらクーラーの上で冷ます。

オートミールと
ココナッツのビスケット（右）

乾燥ココナッツの歯ごたえと香りが絶妙。
飾り用は少し焦がしてクリスピーに。

◎材料　直径3cm×約20枚分
バター（無塩）　40g
三温糖　35g
卵　35g
バニラオイル　適宜
A　薄力粉　50g
　　ベーキングパウダー　小さじ½
　　重曹　小さじ¼
オートミール　30g
ココナッツ　20g
ココナッツ（飾り用）　適宜

◎下準備
バターを室温に戻しておく。

◎作り方
1　ボウルにバターを入れ、泡立て器でクリーム状に混ぜる。
2　さらに三温糖を3回に分けて加え、その都度しっかりすり混ぜる。
3　別のボウルに溶いた卵にバニラオイルを加え、2に3回に分けて加え、その都度よく混ぜる。
4　さらにAを合わせてふるい入れ、オートミールとココナッツを加え、木べらでさっくり混ぜてひとまとめにする。20等分（ひとつ10g）にして丸め、平らにしてオーブンシートをしいた天板に並べる。
　　表面にココナッツをふる。
5　180℃のオーブンで7〜10分焼く。
　　焼きあがったらクーラーの上で冷ます。

WHOLEMEAL FLOUR BISCUITS

WHOLEMEAL FLOUR BISCUITS

全粒粉のビスケット

全粒粉は小麦を丸ごと挽いたもの。見た目も香ばしく風味豊かで、
ビタミンやミネラルがたっぷり。栄養価の高いビスケットです。

◎材料　長径4cmの楕円×10〜12枚分

バター（無塩）　40g

黒糖　30g

卵　35g

A　薄力粉　20g
　　全粒粉　80g
　　ベーキングパウダー　小さじ¼

飾り用くるみ　適宜

◎下準備

バターを室温に戻しておく。
くるみをオーブンシートをしいた天板に広げ、
150℃のオーブンで10分焦げないように軽くローストしておく。

◎作り方

1　ボウルにバターを入れ、泡立て器でクリーム状に混ぜる。

2　さらに黒糖を3回に分けて加え、その都度しっかりすり混ぜる。
　　空気を入れるように混ぜる。(a)

3　別のボウルに溶いた卵を、2に3回に分けて加え、その都度よく混ぜる。

4　さらにAをふるって加え、木べらで混ぜひとまとめにする。(b)
　　ひとつ10gに丸めて楕円にし、オーブンシートをしいた天板に並べ、
　　くるみを軽く押しつけてのせる。(c)

5　180℃のオーブンで8〜10分焼く。
　　焼きあがったらクーラーの上で冷ます。

CRANBERRY DROP BISCUITS

クランベリーのドロップビスケット

クランベリーと三温糖の素朴な風味のマッチング。
オートミールで満足感を。ごはん感覚でも楽しもう。

◎材料　直径7cm×10枚分

バター（無塩）　75g

三温糖　35g

卵　50g

バニラオイル　4〜5滴

A　薄力粉　60g
　　重曹　小さじ¼
　　塩　ひとつまみ

B　オートミール　40g
　　くるみ（粗く刻む）　30g
　　ドライクランベリー　60g

◎下準備

バターを室温に戻しておく。
くるみは150℃で10分ローストしておく。

◎作り方

1　ボウルにバターを入れ、泡立て器でクリーム状に混ぜる。
2　さらに三温糖を3回に分けて加え、その都度しっかりすり混ぜる。
3　別のボウルに溶いた卵にバニラオイルを加え、2に3回に分けて加え、その都度よく混ぜる。
4　さらにAを合わせてふるい入れ、Bを加え (a)、木べらで混ぜひとまとめにする。10等分（ひとつ約35g）をスプーン2本で丸め、オーブンシートをしいた天板に落とし、平らにして並べる。(b)
5　180℃のオーブンで8〜10分焼く。
　　焼きあがったらクーラーの上で冷ます。

LEMON BISCUITS   GINGER BISCUITS

LEMON BISCUITS
GINGER BISCUITS

レモンビスケット（左）

基本の生地にレモンピールを加えて。
レモンのやさしい酸味とサクサク感がたまらない。

◎材料　直径3.5cmの楕円×20枚分

バター（無塩）　40g
グラニュー糖　40g
卵　35g
A　レモン果汁　大さじ1
　　レモンの皮（すりおろす）　1個分
　　レモンピール（5mmの角切り）　50g
B　薄力粉　100g
　　ベーキングパウダー　小さじ½
卵白（飾り用）　1個分
グラニュー糖（天板用）　30g

◎下準備
バターを室温に戻しておく。

◎作り方

1　ボウルにバターを入れ、泡立て器でクリーム状に混ぜる。
2　さらにグラニュー糖を3回に分けて加え、その都度しっかりすり混ぜる。
3　別のボウルに溶いた卵を2に3回に分けて加え混ぜ、さらにAを加え混ぜる。
4　さらにBを合わせてふるい入れ、木べらで混ぜひとまとめにする。2等分し、両手で直径約3.5cmの棒状にのばす。ラップに包んで冷蔵庫で1時間冷やす。
5　切りやすいかたさになったら、卵白をハケでぬり、天板に広げたグラニュー糖をまぶして、厚さ5mmにスライスし、オーブンシートをしいた天板に並べる。
6　170℃のオーブンで8～10分焼く。
　焼きあがったらクーラーの上で冷ます。

ジンジャービスケット（右）

基本の生地にジンジャーを加えて。
棒状の形も持ちやすくてかわいい。香りを楽しもう。

◎材料　長径5.5cmの棒状×24枚分

バター（無塩）　40g
グラニュー糖　40g
卵　35g
ジンジャー（シロップ煮。粗く切る）　50g
A　薄力粉　100g
　　ベーキングパウダー　小さじ½
　　ジンジャーパウダー　小さじ½

◎下準備
バターを室温に戻しておく。

◎作り方

1　ボウルにバターを入れ、泡立て器でクリーム状に混ぜる。
2　さらにグラニュー糖を3回に分けて加え、その都度しっかりすり混ぜる。
3　別のボウルに溶いた卵を2に3回に分けて加え、その都度よく混ぜる。
　そこへジンジャーを加え木べらで混ぜる。(a)
4　さらにAを合わせてふるい入れ、木べらで混ぜひとまとめにする。2等分し、両手で棒状にのばし、ひとつ10gにカットして棒状に成形し、オーブンシートをしいた天板に並べる。
5　180℃のオーブンで10～15分焼く。
　焼きあがったらクーラーの上で冷ます。

a

WALNUT & CHOCOLATE BISCUITS

ALPHABET STAMP BISCUITS

くるみとチョコのビスケット (P20)

くるみとチョコの組み合わせは好相性。サクッとした食感はあとをひくおいしさ。
フォークでつけた模様がなんとも愛らしい。

◎材料　直径4cm×約20枚分
バター（無塩）　115g
粉糖　60g
バニラオイル　4〜5滴
A　薄力粉　130g
　　無糖ココア　10g
チョコチップ　35g
くるみ（粗く刻む）　20g
強力粉（打ち粉用）　適宜

◎下準備
バターを室温に戻しておく。
くるみは150℃で10分焦げないようにローストしておく。

◎作り方
1　ボウルにバターを入れ、泡立て器でクリーム状に混ぜる。
2　さらに粉糖を3回に分けて加え、その都度しっかりすり混ぜる。
3　2にバニラオイルを加え混ぜる。
4　さらにAを合わせてふるい入れ、チョコチップとくるみを加え、
　　木べらで混ぜひとまとめにする。15gにカットして丸め(a)、
　　少し平らにしてオーブンシートをしいた天板に並べ、
　　打ち粉をしたフォークで模様をつける。(b)(c)
5　180℃のオーブンで10〜15分焼く。焼きあがったらクーラーの上で冷ます。

a 　b 　c

アルファベット・スタンプ・ビスケット(P21)

これだけ型を使う応用編！ 100円ショップで売っている道具を使用。
文字通り型にはまった見栄えのするビスケットです。

◎材料　5.5×3.5cmの長方形×10枚分
バター（無塩）　50g
粉糖　20g
ゴールデンシロップ（P70参照）　10g
A　薄力粉　90g
　　コーンスターチ　10g
牛乳　小さじ1

◎下準備
バターを室温に戻しておく。

◎作り方
1　ボウルにバターを入れ、泡立て器でクリーム状に混ぜる。
2　さらに粉糖を3回に分けて加え、その都度しっかりすり混ぜる。
3　2にゴールデンシロップを加え混ぜる。(a)
4　さらにAを合わせてふるい入れ、牛乳を加えて木べらで混ぜ
　　ひとまとめにし、ラップをして冷蔵庫で1時間休ませる。
　　めん棒で5mmの厚さにのばして型で抜き(b)、アルファベットを押して、
　　オーブンシートをしいた天板に並べる。
5　170℃のオーブンで8〜10分焼く。焼きあがったらクーラーの上で冷ます。

LOVELY MARBLE BISCUITS

LOVELY MARBLE BISCUITS

ラブリーマーブルビスケット

プレーン生地とココア生地2種をマーブル模様に。
仕上がりの模様違いが、お手製らしさを演出。

◎材料　直径4.5cm×約25枚分
バター（無塩）　80g
グラニュー糖　80g
卵　70g
バニラオイル　3〜4滴
A　薄力粉　200g
　　ベーキングパウダー　小さじ1
無糖ココア　10g

◎下準備
バターを室温に戻しておく。

◎作り方
1　ボウルにバターを入れ、泡立て器でクリーム状に混ぜる。
2　さらにグラニュー糖を3回に分けて加え、その都度しっかりすり混ぜる。
3　別のボウルに溶いた卵にバニラオイルを加え、2に3回に分けて加え、
　　その都度よく混ぜる。
4　さらにAを合わせてふるい入れ、木べらで混ぜひとまとめにする。2等分し、
　　片方にココア10gを加え（a）、両手でそれぞれ直径3cmの棒状にのばす。
5　2本の生地を編んだら二つに折り、さらに編んで形を整え（b）、
　　ラップをして冷蔵庫で1時間休ませる。（c）
　　5mmの厚さにスライスして、オーブンシートをしいた天板に並べる。
6　170〜180℃のオーブンで10分焼く。焼きあがったらクーラーの上で冷ます。

BASIC SHORTBREAD

BASIC SHORTBREAD

スコットランドの伝統菓子。Shortとはサクサクする、もろいの意。
サクッとした食感が紅茶と合います。縁飾りをする方法も伝授。

基本のショートブレッド

◎材料　直径12cm型2台分とあまり生地で長方形5〜6個分
A　薄力粉　140g／コーンスターチ　40g
グラニュー糖　40g／バター（無塩）　100g／牛乳　小さじ2〜3

◎下準備　バターはサイコロ状に切って、冷蔵庫で冷やしておく。

◎作り方
1　Aを合わせてふるいボウルに入れ、グラニュー糖を加え混ぜる。
2　サイコロ状に切ったバターを加え、カードで切り混ぜ、手でそぼろ状にする。(a)(b)
3　牛乳を加え、手でひとまとめにし、ラップをして冷蔵庫で1時間休ませる。
4　めん棒で1cmの厚さにのばして型で抜く。(c) ナイフの背で切れ目を入れ、竹ぐしで穴をあける。(d)
　❖ 手で縁飾りをしてもよい（P31参照）。あまり生地は長方形に形作る。
5　グラニュー糖（分量外）をふりかけ、オーブンシートをしいた天板にのせ、
　160〜170℃のオーブンで15〜20分焼く。
　❖ 色が濃くつかないように焼きあげる。　　　　　　（賞味期間：密閉して常温で1週間）

a 　　　　　　b 　　　　　　c 　　　　　　d

SHORTBREAD THUMBS

ショートブレッド・サム

サム！ 親指で押して作るショートブレッド。ひび割れが特徴。
トッピングとの相性も抜群。ひと手間を惜しまずチャレンジ！

◎材料　直径4.5cm×約20枚分

A　薄力粉　120g
　　グラニュー糖　50g
　　コーンスターチ　25g
　　無糖ココア　10g
　　ベーキングパウダー　小さじ½
バター（無塩）　100g
牛乳　小さじ1
［アイシングクリーム］
　　バター（無塩）　20g
　　粉糖　60g
　　無糖ココア　10g
　　湯（生地の調整用）　小さじ1
ドレンチェリー（飾り用）　20個

◎下準備
バターはサイコロ状に切って、冷蔵庫で冷やしておく。

◎作り方
1　Aを合わせてふるい、ボウルに入れる。
2　サイコロ状に切ったバターを加え、カードでそぼろ状にする。
3　牛乳を加え、手でひとまとめにし、棒状にしてラップをし、冷蔵庫で1時間休ませる。
4　ひとつ15gずつに丸めて、オーブンシートをしいた天板に並べ、親指で押さえて整え（a）、180℃のオーブンで10～15分焼き、冷ましておく。
5　アイシングクリームの材料を合わせて、口金をセットした絞り出し袋に入れ、4の上に絞り、ドレンチェリーを飾る。(b)(c)

OATS & WHOLEMEAL SHORTBREAD

OATS & WHOLEMEAL SHORTBREAD

オートミールと全粒粉の
ショートブレッド

全粒粉を使った風味豊かなショートブレッド。生地を天板に広げ、手で縁飾りをして焼くだけ。イギリス庶民の暮らしを感じる味！

◎材料　直径約15cm型1台分
A　全粒粉　45g
　　グラニュー糖　15g
　　コーンスターチ　20g
バター（無塩）　50g
オートミール　25g
牛乳　小さじ1

◎下準備
バターはサイコロ状に切って、冷蔵庫で冷やしておく。

◎作り方
1　Aを合わせてふるい、ボウルに入れる。
2　サイコロ状に切ったバターを加え、カードでそぼろ状にする。
3　オートミールを加え（a）、牛乳も加え、手でひとまとめにし、オーブンシートをしいた天板に、直径約15cmに丸くのばす。（b）ナイフの背で切れ目を入れ竹ぐしで穴をあけ、手で縁飾りをする。（c）
4　170℃のオーブンで20分焼く。

CHERRY & ORANGE SHORTBREAD

CHERRY & ORANGE SHORTBREAD

チェリーとオレンジの
ショートブレッド

加えるものを変えるだけでこんなに印象が変わります。
焼きたても冷めてもおいしいのがショートブレッド。プレゼントにいかが？

◎材料　15cm角型1台分
A　薄力粉　140g
　　グラニュー糖　30g
　　コーンスターチ　40g
バター（無塩）　100g
ドレンチェリー（みじん切り）　30g
オレンジピール（みじん切り）　30g
牛乳　小さじ1

◎下準備
バターはサイコロ状に切って、冷蔵庫で冷やしておく。

◎作り方
1　Aの粉類を合わせてふるいボウルに入れ、グラニュー糖を加え混ぜる。
2　サイコロ状に切ったバターを加え、カードでそぼろ状にする。
3　ドレンチェリーとオレンジピールを加え（a）、牛乳も加え、
　　手でひとまとめにし、オーブンシートをしいた型にしき詰める。(b)
4　ナイフの背で十字に切れ目を入れる。
　　160〜170℃のオーブンで15〜20分焼く。
　　❖ 色が濃くつかないように焼きあげる。
5　20分たったら型から取り出し、ナイフの背で再び切れ目を入れて、
　　さらに160℃で3分焼く。

a　　b

STRAWBERRY SHORTCAKE

ストロベリー・ショートケーキ

イギリスのショートケーキは、薄く焼きあげたショートブレッドでいちごと生クリームをサンドしたもの。

◎材料　直径7cm×約8〜9枚分
A　グラニュー糖　40g
　　薄力粉　140g
　　コーンスターチ　40g
バター（無塩）　100g
牛乳　小さじ2〜3
生クリーム（乳脂肪分45％以上）　200mℓ
グラニュー糖　15g
キルシュ（さくらんぼの蒸留酒）　5mℓ
いちご　10個前後
ミントの葉（飾り用）　適量

◎下準備
バターはサイコロ状に切って、冷蔵庫で冷やしておく。

◎作り方
1　Aの粉類を合わせてふるい、ボウルに入れる。
2　サイコロ状に切ったバターを加え、カードでそぼろ状にする。
3　牛乳を加え、手でひとまとめにし、両手で直径5〜6cmの棒状にして、ラップをして冷蔵庫で1時間休ませる。
4　5〜7mmの厚さにスライスして、オーブンシートをしいた天板に並べ、160〜170℃のオーブンで15分焼く。
　　❖ 色が濃くつかないように焼きあげる。
5　ショートブレッドに8分立ての生クリームといちご、ミントの葉をのせて、もう1枚をのせる。

BASIC FLAPJACKS

BASIC FLAPJACKS

「フラップflap」とはひっくり返すの意。
型に焼き込んで、返して取り出せばできあがり！ ゴールデンシロップを使う簡単おやつ。

基本のフラップジャック

◎材料　15cm角型1台分
A　ゴールデンシロップ（P70参照）　大さじ2／グラニュー糖　75g
　　バター（無塩）　80g／塩　ひとつまみ
オートミール　150g

◎作り方
1　鍋にAを入れ、弱火にかけて木べらで混ぜながら溶かす。(a)
2　ボウルに移して、オートミールを加え、木べらで混ぜる。(b)
3　オーブンシートをしいた型に流し入れ、軽く押さえて整える。(c)(d)
4　180〜190℃のオーブンで10〜15分焼き、きつね色になったらできあがり。
5　型ごとクーラーの上で冷まし、10分たったら返して取り出し、切り分ける。
　　❖ それ以上たつと、かたくなって切れなくなるので注意。

（賞味期間：密閉して常温で1週間）

a 　　　　b 　　　　c 　　　　d

FRUIT & NUT FLAPJACKS

FRUIT & NUT FLAPJACKS

フルーツとナッツの
フラップジャック

ドライフルーツの甘味と柔らかさ、ナッツの香ばしさとざっくり感を存分に味わって。イギリスではランチのお供にも。

◎材料　15cm角型1台分

A　ゴールデンシロップ（P70参照）　大さじ2
　　三温糖　75g
　　バター（無塩）　80g
B　オートミール　150g
　　レーズン　20g
　　くるみ（粗く刻む）　20g
　　スライスアーモンド　30g

◎作り方

1　鍋にAを入れ、弱火にかけて溶かす。
2　ボウルに移してBを加え、木べらで混ぜる。(a)
3　オーブンシートをしいた型に流し入れ、軽く押さえて整える。
4　180〜190℃のオーブンで10〜15分焼き、きつね色になったらできあがり。
5　型ごとクーラーの上で冷まし、10分たったら返して取り出し、切り分ける。

a

DATE & GINGER SLICE

デイツとジンジャーのスライス

イギリスでデイツはポピュラーな食材。お菓子に焼き込むと
味わい深くなるから不思議。火の通りもよいので活用してみては？

◎材料　15cm角型1台分
A　ゴールデンシロップ（P70参照）　大さじ2
　　グラニュー糖　75g
　　バター（無塩）　80g
　　塩　ひとつまみ
　　ドライデイツ（なつめやし。粗く切る）　50g
B　オートミール　150g
　　ジンジャー（シロップ煮。粗く切る）　20g

◎作り方
1　鍋にAを入れ、弱火にかけ木べらで混ぜ、グラニュー糖が溶けたら
　　火からおろす。(a)
2　ボウルに移してBを加え、木べらで混ぜる。
3　オーブンシートをしいた型に流し入れ、軽く押さえて整える。
4　180～190℃のオーブンで10～15分焼き、きつね色になったら
　　できあがり。
5　型ごとクーラーの上で冷まし、10分たったら返して取り出し、切り分ける。

ビスケットとスコーンでイギリス式ティータイム

おいしいスコーンやビスケットが焼けたら、たっぷりの紅茶をいれてティータイムのスタートです。なみなみと紅茶の入ったマグカップのふちにショートブレッドを置いて、湯気でほんのり温まったところを食べるのが好きな人、またビスケットを紅茶にダンク！そして、そのビスケットを食べながらお茶を飲むのが好きな人などいろいろ。ダンク（紅茶に浸すこと）については、エチケットに反すると眉をひそめる年配のイギリス人も多かったりします。楽しみ方もいろいろ。そこで欠かせないのが紅茶となります。イギリスで飲まれる日常の紅茶は、なんといってもティーバッグ！です。朝ごはんでも紅茶、職場や学校へ行ったら11時にはティータイム。ランチの後と、3時か4時の休憩もティータイム。いつでも自分のマグカップにティーバッグをポン！と入れて紅茶を飲んでいます。

職場や学校、教会では、小さなキッチンに大きな缶が必ず置いてあり、その中は、間違いなく紅茶のティーバッグがぎっしり入れられています。香りが飛ぶのを防ぐため、大きなビスケット缶などに入れられているのがお決まり。そのための巨大な大袋紅茶が普通にスーパーで売られています。ちょうど日本の10kgの米くらいの大きさの袋に、紅茶のティーバッグが詰まっています。こんな大量の紅茶を誰が飲むの？と思いますが、こうした大量ポーションが作られるのは、売れるからなのでしょう。おそるべし！紅茶の国イギリスです。イギリスへ行かれたら、このイギリス人が普段に飲むおいしいティーバッグをぜひ探してみてください。円形のもの、長方形のもの、三角すい形のものなどがあり、持ち手となる紙とひもはなし！　長方形のものは、ふたつペアで間の切り取り線は切れていません。

イギリスへ行ったら、こんな普段のイギリスをおみやげに持ち帰るのも楽しい。ビスケットとスコーンで、いつもと違ったティータイムを楽しんでみてください。

BISCUITS AND SCONES PART 2
田舎のさっくりスコーンとロンドンのふんわりスコーン

食感の違うスコーンをお楽しみください！
外はゴツゴツ、中身はしっとりの田舎VSふっくらしっとりのロンドン。

SCONES CHART
イギリス・スコーン・チャート

この本に登場するスコーンたちをご紹介します。
形や味もいろいろあって、スコーンのイメージが変わりますよ。
ご家族やご友人に教えたくなるほど、作り方は簡単！

1 りんごとチーズのスコーン (P58)　　5 ファットラスカル (P60)
2 オートミールのスコーン (P48)　　　6 オートミールの天板スコーン (P61)
3 全粒粉のスコーン (P50)　　　　　　7 ライ麦のスコーン (P48)
4 基本のプレーンスコーン (P46)　　　8 レーズンのスコーン (P52)

9 チーズとオニオンのスコーン (P56)
10 基本のロンドンふんわりスコーンレーズン入り (P68)
11 カランツとくるみのスコーン (P54)
12 紅茶のスコーン (P52)
13 基本のロンドンふんわりスコーン (P68)
14 チーズとマスタードのスコーン (P64)
15 バナナとブルーベリーのスコーン (P66)

BASIC PLAIN SCONES

BASIC PLAIN SCONES

粉を合わせて練らずに折り重ねるのが田舎流。
さっくりの食感で素朴な味わい。ぜひ、焼きたてをどうぞ！

基本のプレーンスコーン

◎材料　直径5cm型×5個分とあまり生地で2〜3個分
A　薄力粉　200g／グラニュー糖　25g／ベーキングパウダー　小さじ2／塩　ひとつまみ
バター（無塩）　50g
B　卵　50g／牛乳　70mℓ
強力粉（打ち粉用）　適宜

◎下準備　バターはサイコロ状に切って、冷蔵庫で冷やしておく。

◎作り方
1　Aを合わせてふるい、ボウルに入れる。
2　さらにバターを加え、カードで切り混ぜ、手でそぼろ状にする。(a)(b)
3　別のボウルにBを合わせて混ぜ、2に加え混ぜ合わせる。
　❖ その日の気温、バターの混ざり具合で水分を増減する。
4　台に打ち粉をし、めん棒で生地を2.5cmの厚さにのばして、4〜5回折り重ねる。(c)
5　型に打ち粉をつけながら生地をぬき、オーブンシートをしいた天板に並べる。(d)
　❖ 生地をぬくとき、側面を触らないようにする。こうすると、焼きあがりがきれいに立ちあがる。
6　200℃のオーブンで10〜15分焼く。

（賞味期間：密閉して常温で2日間。ひとつずつラップをして冷凍で2週間）

a 　b 　c 　d

OATS SCONES   RYE SCONES

OATS SCONES
RYE SCONES

オートミールのスコーン（左）

オートミールの食感はかむほどに味わい深い。
今では高級食材となりました。

◎材料　直径5cm型×5個分とあまり生地で2〜3個
A　薄力粉　170g
　　グラニュー糖　25g
　　ベーキングパウダー　小さじ2
　　塩　ひとつまみ
オートミール　50g
バター（無塩）　50g
卵　50g
牛乳　65〜70mℓ
強力粉（打ち粉用）　適宜

◎下準備
バターはサイコロ状に切って、冷蔵庫で冷やしておく。

◎作り方
1　ボウルにAをふるい入れ、オートミールを加える。(a)(b)
2　さらにバターを加え、カードで切り混ぜ、手でそぼろ状にする。
3　別のボウルに溶いた卵を2に加え、牛乳も加え、混ぜ合わせる。生地の状態によって水分を調整する。
4　台に打ち粉をうち、めん棒で生地を2.5cmの厚さにのばして、4〜5回折り重ねる。
5　型に打ち粉をつけながら生地をぬき、オーブンシートをしいた天板に並べる。
6　200℃のオーブンで10〜15分焼く。
　❖　クロテッドクリームといちごジャムを添えて。

ライ麦のスコーン（右）

ライ麦はイギリス北部を中心に育てられてきました。
素朴な味のスコーンに、絶妙な味わいが加わります。

◎材料　直径5cm型×5個分とあまり生地で2〜3個分
A　薄力粉　150g
　　グラニュー糖　25g
　　ベーキングパウダー　小さじ2と½
　　塩　ひとつまみ
ライ麦　50g
バター（無塩）　50g
卵　50g
牛乳　60〜65mℓ
強力粉（打ち粉用）　適宜

◎下準備
バターはサイコロ状に切って、冷蔵庫で冷やしておく。

◎作り方
1　ボウルにAをふるい入れ、ライ麦を加える。(a)(b)
2　さらにバターを加え、カードで切り混ぜ、手でそぼろ状にする。
3　別のボウルに溶いた卵に牛乳を加え、2に加え混ぜる。生地の状態によって水分を調整する。
4　台に打ち粉をうち、めん棒で生地を2.5cmの厚さにのばして、4〜5回折り重ねる。
5　型に打ち粉をつけながら生地をぬき、オーブンシートをしいた天板に並べる。
6　200℃のオーブンで10〜15分焼く。
　❖　クロテッドクリームといちごジャムを添えて。

WHOLEMEAL FLOUR SCONES

全粒粉のスコーン

栄養価も高く、かむと独特の風味があるのが特徴。
これこそ焼きたてスコーンの香りと風味を味わって!

◎材料　直径5cm型×4〜5個分とあまり生地で2〜3個分
A　薄力粉　45g
　　グラニュー糖　10g
　　重曹　小さじ¼
　　ベーキングパウダー　小さじ1
　　塩　ひとつまみ
全粒粉　110g／バター(無塩)　55g
卵　35g／無糖ヨーグルト　60g
レーズン　15g
強力粉(打ち粉用)　適宜

◎下準備
バターはサイコロ状に切って、冷蔵庫で冷やしておく。

◎作り方
1　ボウルにAをふるい入れ、全粒粉を加える。(a)
2　さらにバターを加え、カードで切り混ぜ、手でそぼろ状にする。
3　別のボウルに溶いた卵にヨーグルトを加え、2に加え混ぜたら、レーズンも加え混ぜる。
4　台に打ち粉をうち、めん棒で生地を2.5cmの厚さにのばして、4〜5回折り重ねる。
5　型に打ち粉をつけながら生地をぬき(b)(c)、オーブンシートをしいた天板に並べる。
6　200℃のオーブンで10〜15分焼く。
　❖ クロテッドクリームといちごジャムを添えて。

TEALEAF SCONES   RAISIN SCONES

TEALEAF SCONES
RAISIN SCONES

紅茶のスコーン（左）

茶葉と濃くいれた紅茶液を焼き込んだスコーン。
たっぷりのミルクティーといっしょに。

◎材料　直径5cm型×5個分とあまり生地で2～3個分
A　薄力粉　200g
　　グラニュー糖　30g
　　ベーキングパウダー　小さじ2
　　塩　ひとつまみ
バター（無塩）　50g
卵　50g
牛乳　35㎖
紅茶液　大さじ1～2
紅茶の葉（アールグレイなど）　大さじ1
強力粉（打ち粉用）　適宜

◎下準備
バターはサイコロ状に切って、冷蔵庫で冷やしておく。

◎作り方
1　ボウルにAをふるい入れ、バターを加え、
　　カードで切り混ぜ、手でそぼろ状にしたら、
　　紅茶の葉を加える。(a)
2　別のボウルに溶いた卵に牛乳と冷ました紅茶液を
　　加え(b)、2に加え混ぜる。(c)生地の状態で増減する。
3　台に打ち粉を打ち、めん棒で生地を2.5cmの厚さに
　　のばして、4～5回折り重ねる。
4　型に打ち粉をつけながら生地をぬき、オーブンシート
　　をしいた天板に並べる。
5　200℃のオーブンで10～15分焼く。

レーズンのスコーン（右）

レーズンは、ラム酒に漬け込んだものを
使うと風味アップ！ 定番スコーンのひとつ。

◎材料　直径5cm型×5個分とあまり生地で2～3個分
A　薄力粉　200g
　　グラニュー糖　25g
　　ベーキングパウダー　小さじ2
　　塩　ひとつまみ
バター（無塩）　50g
卵　50g
牛乳　70㎖
レーズン　50g
強力粉（打ち粉用）　適宜

◎下準備
バターはサイコロ状に切って、冷蔵庫で冷やしておく。

◎作り方
1　ボウルにAをふるい入れ、バターを加え、
　　カードで切り混ぜ、手でそぼろ状にする。
2　別のボウルに溶いた卵に牛乳を加え、1に加え混ぜたら、
　　レーズンも加え混ぜる。水分は生地の状態で増減する。
3　台に打ち粉を打ち、めん棒で生地を2.5cmの厚さに
　　のばして、4～5回折り重ねる。
4　型に打ち粉をつけながら生地をぬき、オーブンシート
　　をしいた天板に並べる。
5　200℃のオーブンで10～15分焼く。

a 　　　b 　　　c

CURRANTS & WALNUTS SCONES

CURRANTS & WALNUTS SCONES

カランツとくるみのスコーン

カランツ(山ぶどう)の上品な甘味とくるみの食感がたまりません。
お食事スコーンとしても。イギリスらしいおいしいスコーンです。

◎材料　直径5cm型×5個分とあまり生地で2～3個分

A　薄力粉　200g
　　三温糖　25g
　　ベーキングパウダー　小さじ2
　　塩　ひとつまみ
バター(無塩)　50g
卵　50g
牛乳　70㎖(生地の状態で増減する)
カランツ　30g
くるみ　30g(150℃で10分ローストしておく)
強力粉(打ち粉用)　適宜

◎下準備
バターはサイコロ状に切って、冷蔵庫で冷やしておく。

◎作り方
1　ボウルにAをふるい入れ、バターを加え、カードで切り混ぜ、手でそぼろ状にする。
2　別のボウルに溶いた卵に牛乳を加え、1に加え混ぜたら、カランツとくるみも加え混ぜる。(a)(b)
3　台に打ち粉を打ち、めん棒で生地を2.5cmの厚さにのばして、4～5回折り重ねる。
4　型に打ち粉をつけながら生地をぬき、オーブンシートをしいた天板に並べる。
5　200℃のオーブンで10～15分焼く。

CHEESE & ONION SCONES

チーズとオニオンのスコーン

イギリスでは野菜や生ハムをサンドするお食事スコーンも登場。
このスコーンにはクリームチーズとチャツネがあればなおよし!

◎材料　8×5cmの長方形×6個分

A　薄力粉　200g
　　グラニュー糖　10g
　　ベーキングパウダー　小さじ2

バター(無塩)　50g

卵　50g

牛乳　70mℓ

玉ねぎ(みじん切り)　50g／パセリ(みじん切り)　大さじ1

溶けるチーズ(シュレッドタイプ)　50g

B　クリームチーズ　60g
　　サラダ菜　6枚
　　きゅうり(輪切り)　12枚
　　チャツネ　少々(あれば)

強力粉(打ち粉用)　適宜

◎下準備

バターはサイコロ状に切って、冷蔵庫で冷やしておく。
玉ねぎは電子レンジ(500W)で1分加熱しておく。

◎作り方

1　ボウルにAをふるい入れ、バターを加え、カードで切り混ぜ、手でそぼろ状にする。
2　さらに玉ねぎとパセリ、チーズを加え混ぜる。(a)
3　別のボウルに溶いた卵に牛乳を加え、2に加え混ぜる。生地の状態で増減する。
4　台に打ち粉を打ち、めん棒で生地を2.5cmの厚さにのばして、4～5回折り重ねる。(b)
　　ナイフに打ち粉をして長方形に切って、オーブンシートをしいた天板に並べる。(c)
5　200℃のオーブンで10～15分焼く。焼きあがったらスライスして、Bをサンドする。

APPLE & CHEESE SCONES

りんごとチーズのスコーン

りんごの収穫時期に作られる季節のスコーン。りんごとチーズは昔からのゴールデンコンビ。このスコーンは砂糖も卵も使っていません。

◎材料　直径5cm型×6個分

A　薄力粉　220g
　　ベーキングパウダー　小さじ1
　　塩　小さじ⅓
バター（無塩）　50g
マスタードパウダー　小さじ1
溶けるチーズ（シュレッドタイプ）　70g
りんご（粗くすりおろす）　小1個分（100g）
牛乳　60〜80㎖（りんごの水分により調整）
強力粉（打ち粉用）　適宜

◎下準備
バターはサイコロ状に切って、冷蔵庫で冷やしておく。

◎作り方
1　ボウルにAをふるい入れ、バターを加え、カードで切り混ぜ、手でそぼろ状にする。
2　マスタードパウダーとチーズを合わせ1に加え、カードで軽く混ぜる。(a)
3　さらにりんごを加えカードで軽く混ぜ、牛乳をまず60㎖加えカードで混ぜ、調整してひとまとめにし、打ち粉をした台にのせる。(b)(c)
4　めん棒で2.5cmの厚さにのばして、型に打ち粉をつけながら生地を抜く。
5　オーブンシートをしいた天板に並べ、200℃のオーブンで10〜15分焼く。
　　❖ クロテッドクリームの他に、生ハムと野菜をサンドして食べてもおいしい。朝食やランチにどうぞ。

FAT RASCAL

OATS DROP SCONES

ファットラスカル (P60)

ヨーク地方の伝統菓子。「太ったいたずらっ子」という意味の
楽しい名前のお菓子。ほろほろっとした食感で大きく作るのが特徴。
ハロゲイトの老舗ティールーム「ベティーズ」の定番商品にも！

◎材料　直径6〜7cm×6〜7個分

A　薄力粉　125g
　　グラニュー糖　40g
　　ベーキングパウダー　小さじ1と1/2
　　塩　ひとつまみ

B　シナモン　小さじ1/2
　　ナツメグ　少々

バター（無塩）　50g

C　レーズン　60g
　　カランツ　50g
　　オレンジピール　50g

卵　50g／生クリーム　20g
レモン果汁　小さじ1/2
皮なしアーモンド・ドレンチェリー　各適宜
溶き卵　1/2個分

◎下準備
バターはサイコロ状に切って、冷蔵庫で冷やしておく。

◎作り方
1　AとBをボウルにふるい入れ（a）、バターを加え、カードで切り混ぜ、
　　手でそぼろ状にする。
2　Cを加え、さっくり合わせる。（b）
3　別のボウルに溶いた卵に生クリーム、レモン果汁を加え、2に加え混ぜる。
4　オーブンシートをしいた天板に直径6cmの丸形に整え、溶き卵をぬり、
　　アーモンドとドレンチェリーを飾る。
　　180〜190℃のオーブンで15〜20分焼く。（c）

FAT RASCAL
OATS DROP SCONES

オートミールの天板スコーン (P61)

スコットランドで古くから作られていたドロップスコーンの一種。
生地を天板に広げるだけ。型も不要の簡単スコーン。

◎材料　直径約15cm

A　薄力粉　70g
　　オートミール　30g
　　ベーキングパウダー　小さじ1
　　三温糖　15g
バター（無塩）　35g
卵　40g
無糖ヨーグルト　20g
B　レーズン　30g
　　くるみ　30g
　　クランベリー　30g

◎下準備
バターはサイコロ状に切って、冷蔵庫で冷やしておく。
くるみは150℃で10分ローストしておく。

◎作り方
1　ボウルにAをふるい入れ、バターを加え、カードで切り混ぜ、
　　手でそぼろ状にする。
2　別のボウルに溶いた卵にヨーグルトを加え（b）、
　　1に加え混ぜたら、B（a）も加え混ぜる。
3　オーブンシートをしいた天板に、生地を直径15cmの円状に広げ、
　　ナイフで切り込みを入れておく（底まで切り離さない）。（c）
4　180℃のオーブンで15〜20分焼く。

a　　　　　　　b　　　　　　　c

CHEESE & MUSTARD SCONES

CHEESE & MUSTARD SCONES

チーズとマスタードのスコーン

北部のヨーク地方で作られるチーズのスコーン。かくし味のマスタードパウダーがチーズを引き立てます。表面にもチーズをのせて焼きたてを!

◎材料　直径5cm型×6個分とあまり生地で2〜3個分

A　薄力粉　200g
　　ベーキングパウダー　小さじ1
　　塩　少々
バター(無塩)　50g
B　チーズ　120g
　　マスタードパウダー　小さじ1
牛乳　100〜120ml(生地の状態で調整する)
溶けるチーズ(飾り用)　10g
強力粉(打ち粉用)　適宜

◎下準備
バターはサイコロ状に切って、冷蔵庫で冷やしておく。
ボウルにチーズとマスタードパウダーを合わせておく。

◎作り方
1　ボウルにAをふるい入れ、バターを加え、カードで切り混ぜ、手でそぼろ状にする。
2　さらに牛乳を1に加え混ぜたら、Bも加え混ぜる。
3　台に打ち粉を打ち、めん棒で生地を2.5cmの厚さにのばして、4〜5回折り重ねる。
4　型に打ち粉をつけながら生地をぬき、オーブンシートをしいた天板に並べる。(a)(b)
5　飾り用チーズをのせて、200℃のオーブンで10〜15分焼く。(c)
　❖ イギリス式にチャツネを添えて。

BANANA & BLUEBERRY SCONES

バナナとブルーベリーのスコーン

バナナが入るとしっとり甘め。朝食、ランチ、おやつに万能なスコーン。
ひとつで心もからだも大満足！

◎材料　8×7cmの三角形6個分
A　薄力粉　200g
　　　ベーキングパウダー　小さじ1
　　　塩　少々
　　　グラニュー糖　30g
バター（無塩）　50g
卵　50g
牛乳　30〜40ml（生地の状態で調整する）
B　バナナ　100g
　　　ブルーベリー　20g　冷凍でも可
強力粉（打ち粉用）　適宜

◎下準備
バターはサイコロ状に切って、冷蔵庫で冷やしておく。
バナナをフォークで粗くつぶす。(a)

◎作り方
1　ボウルにAをふるい入れ、バターを加え、カードで切り混ぜ、そぼろ状にする。
2　別のボウルに溶いた卵を1に加え、牛乳も加え混ぜたらBも加え混ぜる。(b)
3　台に打ち粉をうち、めん棒で生地を2.5cmの厚さにのばして、
　　4〜5回折り重ねる。
4　生地を厚さ2.5cmに丸く広げ、ナイフで6等分にカットして、オーブンシート
　　をしいた天板に並べる。(c)
5　200℃のオーブンで10〜15分焼く。

AFTERNOON TEA SCONES

AFTERNOON TEA SCONES

アフタヌーンティーでおなじみのスコーン。パンのような食感が特徴で、腹割れは大きくでません。
手間を惜しまず、ぜひ本場の味を手作りで。

基本のロンドンふんわりスコーン(左)と
レーズン入りスコーン(右)

◎材料　直径5cm型×4個分とあまり生地で2〜3個分
A　薄力粉　100g／強力粉　50g／ベーキングパウダー　小さじ1
グラニュー糖　小さじ1／塩　ひとつまみ／バター(無塩)　30g／牛乳　50g／卵　20g
レーズン　30g(レーズン入りの場合)／溶き卵(ぬり玉用)　½個分／強力粉(打ち粉用)　適宜

◎下準備　バターはサイコロ状に切って、冷蔵庫で冷やしておく。

◎作り方
1　ボウルにAをふるい入れ、グラニュー糖と塩を加える。
2　バターを加え、カードで切り混ぜ、手でそぼろ状にする。
3　さらに牛乳と溶いた卵を加え混ぜる。生地の状態で増減する。
4　ひとまとまりになったら、打ち粉を打ちながら5分ほど手でしっかりこねる。(a)
　❖レーズン入りスコーンは、ここで最後にレーズンを加え混ぜる。
5　めん棒で2.5cmの厚さにのばしたら、ラップをして冷蔵庫で1時間休ませる。
　❖生地をしっかり冷やすと、型抜きで断面がするどく切れ、焼きあがりがきれいになる。
6　冷蔵庫から出したら、型で抜き、底面を上にして(天地逆にする)天板に並べる。(b)
　❖こうすると底面が顔となるので、均一で美しく仕上がる。
7　ぬり玉を表面にぬり、ラップをふんわりとかぶせ、冷蔵庫で30分休ませる。(c)(d)
8　冷蔵庫から出し、ぬり玉を再度ぬり、200℃のオーブンで10〜15分焼く。
　表面がきつね色になったら焼きあがり。　　　　　　(賞味期間:密閉して常温で3日間)

a　　　　　b　　　　　c　　　　　d

基本の材料図鑑

この本で使用した「基本の材料」をご紹介します。これさえ揃えておけば、思い立ったらすぐに作れます。日本で手に入る材料で、本場の味を楽しみましょう！

1 牛乳
普通の牛乳を冷たいままで使います。

2 オートミール
オーツ麦（えん麦）を蒸し、平らに押し麦にしたものがオーツ。日本ではオートミールという名前で売られています。粒の大きさはさまざまあり、大きなものがフラップジャックなどの焼き菓子には適しています。

3 薄力粉
普通の薄力粉で充分おいしく作ることができます。湿気やにおいを吸着しやすいので、開封後は密閉容器で保存しましょう。

4 卵
Mサイズ（約60g）。新鮮なものを選び、室温に戻してから使いましょう。

5 グラニュー糖
この本ではほとんどグラニュー糖を使っています。お菓子に使いやすい砂糖です。

6 コーンスターチ
ショートブレッドに加えるとさくさく感が増します。新鮮なものを使います。

7 ゴールデンシロップ
砂糖を精製する過程でできる副産物の糖蜜。やさしい味と香りで、イギリスではお菓子作りや料理に欠かせないもの。日本では製菓材料店やネット通販で購入できます。

8 バニラオイル
バニラビーンズから香りを抽出し、植物油に溶かしたもの。オーブンの高温でも香りが消えないバニラオイルを使います。バニラエッセンスでは香りが飛んでしまいます。

9 バター（無塩）
イギリスの焼き菓子では、バターがおいしさを決めます。新鮮で良質の食塩不使用のものを選んでください。「室温に戻す」目安は、形がくずれず指がスーッと入ればOK。

10 ベーキングパウダー
生地をふくらませるための膨張剤。イギリスの配合は、ベーキングパウダーを多く使ったものが多いため、アルミニウムフリーのものを使います。普通のものは苦味を感じることがあります。

基本の道具図鑑

この本で使用した「基本の道具」をご紹介します。私のお菓子教室に欠かせない愛しい道具たち。
大切なことは、自分が使いやすいものに出会うことです。

1 大理石のし台
熱を伝えにくい冷たい石で生地が扱いやすく、すぐれもの。平らな台として、プラスチック製の大きめのまな板でも充分です。

2 ミキシングボウル
イギリスの陶器の古いボウルは、存在感のある道具。一般の家庭の台所に普通に置いてあります。日本ではステンレス製でOK。生地を混ぜる大きなものと、液体のものを混ぜる小さなものがあると便利です。

3 万能こし器（ふるい）
ストレーナーともいい、粉類を合わせてふるうときに使います。粉の分量が多いときは、粉に手を入れて、グルグル回しながらふるい落としていきます。

4 泡立て器
バターに砂糖をすり混ぜたり、液体のものを合わせるときに使います。ワイヤーの本数が多く根元がしっかりしたもの、自分の手にあったグリップのものを選びましょう。

5 めん棒
木製のめん棒は、使用後洗ったら、スイッチを切ったオーブンの余熱などで完全に乾かします。使えば使うほどに手になじんできます。

6 木べら
においがつくので、料理とは別にお菓子用として数本揃えておくことをおすすめします。イギリスでは、これ1本でほとんど作ってしまいます。

7 計量スプーン
サイズ違いのものを数本持っていると便利。

8 スコーンの抜き型
直径5cmほどの丸型や菊型。料理用にもお菓子用にも使えます。打ち粉をつけながら生地を抜いていきます。

9 小ボウル
数個あると便利。使う材料の計量や分別に。

10 カード
粉に加えたバターを切り混ぜ、そぼろ状にするときや、生地をまとめたりするときなどいろいろな場面で活躍します。

11 クーラー（網）
ケーキクーラーともいい、焼きあがったお菓子を置き、冷ますときに使います。目の細かいものの方が、小さな焼き菓子も落ちずに置けます。

12 フラップジャックの型
15cmの角型で、底板が抜けるタイプのテフロン加工したもの。ショートブレッドなどにも使います。

13 ショートブレッドの型
セルクルでも代用できます。打ち粉をつけながら生地を抜くと、スパッときれいに抜け、仕上がりもきれいです。

お菓子作りで失敗しないためのQ&A

イギリスのビスケットとスコーンをおいしく作るためのお約束です。
なぜ？ がわかれば、失敗も防げますね！

Q スコーンを作るとき、粉にバターを入れてそぼろ状にするのはなぜ？
A 粉にバターを切り混ぜそぼろ状にすると、粉の中にバターが散らばった生地ができます。この状態で高温のオーブンに入れると、バターが溶けて空気の層が残り、さくさくした食感が生まれるのです。液状にしたバターを加えると、薄力粉が吸ってしまうので空気の層ができません。だから、冷やしたバターを粉に加えてそぼろ状にする工程は大切なのです。

Q ビスケットを作るとき、バターにグラニュー糖を少しずつ加えるのはなぜ？
A バターにグラニュー糖を一度に加えると、グラニュー糖に水分を吸収されて、バターがかたくしまり混ぜにくくなるため、3回に分けて加えすり混ぜます。

Q 卵を加えたら分離してしまいました！
A 一度にたくさんの卵を加えると、生地と混ざりにくく分離する原因となります。バターの油脂分の生地に、大量の卵の水分を加えると、油脂と水分で分離してしまいます。これを防ぐには、卵を数回に分けて少しずつ生地に加えます。また、冷たい卵を使うとバターがしまって混ざりにくいので、常温の卵を使用してください。

Q オーブンの余熱の温度は？
A オーブンは、焼く前に充分に温めておくのが原則です。ガスオーブンの場合、焼く温度に10℃、電気オーブンなら20℃足した温度を余熱温度の目安とします。ただ、最近は「予熱なし」のオーブンもあるので、ご家庭のオーブンの特徴をしっかりつかんでおきましょう。また、温度もオーブンによって違いがあるため、本書のオーブン温度は目安と考え、それぞれのオーブンに合わせて温度を調整し、焼き時間も、庫内の状態を見ながら使いこなすことが重要です。

Q スコーンの保存方法は？
A 焼きあがって冷ましたらすぐに、ひとつずつラップで包み、ファスナーつき保存袋に入れて冷凍します。2週間保存が可能。食べるときは、室温で解凍し、オーブントースターなどで温め、表面がカリッとしたらできあがり。焼きたてのスコーンがいつでも楽しめます。

BISCUITS AND SCONES PART 3
あこがれのイギリス流ライフスタイル

ものを大切に使いきる、お茶の時間を大切にするのがイギリス流。
シンプルに楽しく暮らすヒントがいっぱい。

イギリス流プレゼントのラッピング

イギリスでは、日本のようにいろいろなシーンで、ひんぱんに贈りものを交わすことは少なく、旅先でのおみやげを職場に買って帰ったり、近所や友人にプレゼントをしたりすることもめったにしません。感謝の気持ちを伝えたいときは、受け取った方の負担にならない程度のものにメッセージを書いたカードを添えて手渡すのです。カードはたいへんうれしいもので、家や職場の机に長く飾ってあったりもします。

それらイギリスでよく交わされる贈りものは、無理なく自然なものが多く、「たくさん作ったの、おいしいわよ！」とマーマレードや旬のフルーツのジャムだったり、庭でとれたりんごだったりします。しばしば私の娘が、学校の仲良しのお友だちからいただいたのが、お母さん手作りのビスケットやフラップジャック！ イギリスの普段のお家のおやつです。それらはいつも使い終わったジャムのビンや、紅茶やビスケットの空き缶などに入れられていました。「これでいいのね！」と気持ちが明るく楽しくなったものでした。

おいしく焼きあがったイギリス菓子には、こんなラッピングがいちばん似合う気がします。捨てられずに取っておいたビンや缶も、こんな使い方なら惜しくはないでしょう。

a ビスケットが入っていた缶に、焼きたてのスコーンやフラップジャックを入れて。心のこもった贈りもの。このさりげなさが、感激！です。
b ジャムやビスケットの空きビンに、それぞれホームメイドのビスケットを詰めてプレゼント。今日のティータイムが少し特別になりますね。

アンティークは今でも現役

イギリスの家のキッチンには、古い調理道具や食器類が普通に置いてあり、驚かされることがよくあります。博物館にあるような古い真鍮の型や重たく目盛りもおおまかなはかり。使いやすいのは絶対ステンレス製！　と思うけれど……。日々使う陶器の大きなミキシングボウルなどなど。それらは、おばあさまの代から譲り受けて使ってきたものだったり、その家の住民が変わっても、ずっとそこにあったものだったりするのです。アンティークだけれども、すべて現役で使われていて、なくてはならないモノたちなのです。

これらのアンティークを見ていると、使っていた当時の人々の暮らしぶりや工夫、そして、独立国だった国々のお国柄がうかがえます。古い木製のモールドには、スコットランドの国花であるあざみが彫り込んであります。使い続けられた証の油分が染み込み、ますます使いやすくなるのが古いものの魅力。最新の便利なものが出てきても、使い分けながら古いものも大切にするのが、イギリス式のようです。

飾るのではなく、普段に使って大切にする、愛情深いイギリスです。

a 木製のショートブレッド型（左2つ）
　スコットランド発祥のお菓子の型。国花のあざみが彫られています。
　バタースタンプ（右上）
　バターがまだ各家庭で作られ、美しく装飾して売られていたころの道具。その家により、スタンプの柄も違っていたのです。
　ビスケットに模様をつける木製のローラー（右下）
b シュガースプーン（上2つ）
　貴重な砂糖をこの美しいスプーンですくって、いちごなどにかけていました。小さな穴と繊細な装飾が特徴です。
　スプーン形ティーストレーナー（下段左）
　ひとり用の紅茶漉し器。スプーンで茶葉をすくってパチンと蓋をし、カップに入れます。
　ジャムスプーン（下段右）
　ちょう貝の柄の繊細なもの。マーマレードやジャム用です。

おすすめのティールームめぐり

スコーンがおいしい田舎のティールームへご案内。時間のたつのも忘れ、のんびりと過ごす至福の時間。古き佳きイギリスの雰囲気を満喫してみては？

The Bridge Tea Rooms
ザ・ブリッジ・ティールーム

Address: 24a Bridge Street, Bradford on Avon, Wiltshire, BA15 1BY
Tel.01225 865537
Open: 月〜金 9:30-17:30　土 9:30-18:00　日 10:00-17:30
（12月のクリスマス時期は変則なので要チェック）
http://www.thebridgeatbradford.co.uk/index.asp

コッツウォルズエリアの南西の端、バースの東にあるティールーム。お店がオープンしたのは1675年からというから、その歴史は大変古く、エイボン川にかかるブリッジのたもとに建っているので、そのままお店の名前となっています。「The Tea Guild Award of Excellence」をUK Tea Guildより受賞。紅茶の種類も多く、お菓子も焼きたてが並んでいます。黒く光る低いドアを開けると、1階には明るい窓辺があり、お菓子が並んだカップボードが迎えてくれます。奥にある階段をのぼると、2階には暖炉があり、その前の席がいちばんのおすすめ。ゆらゆらする暖炉の炎を眺めながらのゆったりティータイムです。

アフタヌーンティーも人気ですが、クリームティーで手軽にお茶もいいですよ。週末には、家族連れがランチを食べに来るので、店内はいつもいっぱい。ビクトリアン時代のエプロンを身にまとったメイドさんがサーブしてくれる、素敵なティールームです。

a コッツウォルズのはちみつ色の外観のティールーム。古いたたずまいは目を見張るばかり。
b アンティークのカップボードに、その日のイギリスの焼き菓子が並びます。次々とカットして運ばれていく。どれを食べるか迷います。
c 黒く光るこのドアを開けると、紅茶の香りが迎えてくれます。おいしい紅茶とこれから過ごす時間が楽しみ。
d ゆったりティータイム。白いクロスと古い机が落ち着きます。横の階段をのぼると2階へと続いて。素敵な空間は上にもあるのです！
e 2階の暖炉の前の席はいちばん好きな場所。炎のゆれは見ていて引き込まれます。ここでアフタヌーンティーを楽しみます。
f ビクトリアン時代のころのエプロンを着たメイドさん。てきぱきと忙しく動いています。

The Polly Tea Rooms

ザ・ポーリー・ティールーム

Address: 26 High Street, Marlborough, Wiltshire, SN8 1LW
Tel:01672 512146
Open: 月〜金 8:30-18:00　土 8:00-18:00　日 9:00-18:00
http://www.thepollytearooms.co.uk/home/4581971963

ロンドンからコッツウォルズ、バース、ブリストルへ向かう途中にある、小さな街のマルボロウ。中世ローマ時代からのマーケットタウンで、宿場として人々が多く集まるところでした。そのマルボロウのタウンの中にある、古いイギリスらしいティールームが、ここザ・ポーリー・ティールームです。

この店は1912年にふたりの女性によってスタートしました。彼女たちは、婦人参政権論者の運動家だったため、当時その人たちが安全に集まれる場所となりました。ティールームの建物は、当時からほとんど変わっておらず、数種のケーキのレシピ、ビスケットのカッターなどは1930年代からのもの。そして、ケイト妃がマルボロウのカレッジに通っていたときに、水曜の午後、よくここに友人といっしょに来て、ブルーベリーマフィンを食べていたそうです。

店内には、イギリス菓子がたくさん並んでおり、選ぶのも悩むほど。ランチタイムにはワンプレートの料理も人気です。地元の人たちが通う素朴なティールーム。ぜひ、訪ねてもらいたいティープレイスです。

a　かわいらしいティーポットの看板。
b　ティールームの外観。タウンのメインロードに面しています。地元の人たちでいつもいっぱい。
c　この看板を見つけると、つい入りたくなります。
d　イギリス菓子がずらりと並んで。好きなお菓子を選びます。
e　店内は、ゆったりした時間が流れています。
f　クリームティー。大きなスコーンで、もう、おなかいっぱい！

The Barn Guest House & Tea Rooms
ザ・バーン・ゲストハウス&ティールーム

Address: Hutton-le-Hole, York, North Yorkshire YO62 6UA
Tel: 01751 417311
Open: 休日はシーズンにより変動。要問い合わせ。
http://www.thebarnguesthouse.com/

a

b c

d

北ヨークにあるB&B。イングランドの美しい風景が広がる中に建っている田舎のお家です。羊が道路を行きかい、目の前を小川が流れ、広大な紫のヒースの丘が近くにあります。離れに宿泊もできるので、車を借りてゆっくり訪ねたい田舎のティールームです。
朝のブレックファーストには、奥さまお手製のあんずのコンポートやおばあさまお手製のジャムが出されます。そして、観光から帰ってきたら、焼きたてのスコーンとクロテッドクリームが迎えてくれるのです。なんて、しあわせなんでしょう！
イギリスのおもてなしは、さりげなく自然なのです。
テーブルの横には、アンティークが並べられていて、よく見ると値札がついています。オーナーのお気に入りのものを部屋に飾っているけれど、欲しい人は言ってね！　という感じ。今、クリームティーで使っていたワンハンドルのお皿とよく似たものを発見してしまったら、日本に連れて帰って来ずにはいられません。田舎の出会いは、おいしくて素敵なひとめぼれがいっぱいです。

a 夏のシーズンは、B&Bのお客さんも多い。ここから車で5分走ると紫のヒースの丘が広がっています。
b 店の前の道には、羊がのんびり草をはんでいます。車も羊優先でゆっくりゆっくり通ります。
c ティールームの窓から外を見て。ブレックファーストもクリームティーもおいしい店。
d クリームティーのスコーン。クロテッドクリームもいちごジャムもたっぷり。

おわりに

手作りのお菓子は特別です。オーブンにスコーンを入れたときからわくわく、部屋はいい香りに包まれてしあわせ。焼きあがりを待つ間においしいお茶をいれたくなります。そして、焼きたてを食べる贅沢！ これはなにものにも変えられない豊かな時間です。ビスケットを焼くとおすそ分けしたくなるのも、この素敵な時間をあの人にも！ と思うからでしょうか。

イギリスのお菓子は、家庭で作り続けられてきたものが、今に伝わった古いものが多いのですが、ビスケットとスコーンはその代表格。お母さんから子供たちへ、お家のいつものおやつの味が伝わるのです。その材料も作り方もシンプルで簡単。季節や地方によって粉が変わったり、混ぜ込むものが変わる。それがしみじみとおいしい！ 粉を味わうお菓子たちなのです。

思い立ったら、キッチンにある材料で、混ぜて焼くだけのビスケット＆スコーン。しあわせなティータイムを運んでくれることでしょう。

最後に、この本を上梓するにあたり、イギリスのお菓子の魅力を素敵にまとめてくださった編集の賀陽様、香りまで感じるようなお菓子の写真を撮ってくださった青砥様、イギリスらしさを大切にデザインしてくださった伊丹様、新様をはじめ、お世話になったスタッフの皆様にお礼を申し上げます。

そして、いつも英国菓子教室に来てくださる生徒の皆様、この本をお手にとってくださった読者の皆様に感謝いたします。

砂古玉緒

砂古玉緒（さこ・たまお）

英国菓子研究家、製菓衛生師。英国菓子教室「The British Pudding」主宰。
広島生まれ。イギリス在住歴10年。イギリス菓子の研究、製作、お菓子教室での指導、講演を行う。2012年末に帰国。2013年6月より、大阪で英国菓子教室を再開する。イギリスの伝統菓子、地方菓子、アフタヌーンティーのお菓子製作指導に加え、講演会などで活躍中。趣味はアンティークとティールームめぐり。
著書『ENGLANDティールームさんぽ』（双葉社）、『お茶の時間のイギリス菓子』（世界文化社）。

英国菓子教室「The British Pudding」
（大阪市住之江区）
http://www.britishpudding.com

staff
撮影　青砥茂樹（講談社写真部）
アートディレクション・デザイン　伊丹友広／新由紀子（IT IS DESIGN）
写真　砂古玉緒（P2、P76〜78）
食器・小物　著者私物
校閲　戎谷真知子

イギリスのお菓子教室 ビスケットとスコーン
型なしでつくれるビスケット。混ぜて焼くだけ！

2014年6月19日　第1刷発行

著　者　砂古玉緒
発行者　鈴木　哲
発行所　株式会社　講談社
　　　　〒112-8001　東京都文京区音羽2-12-21
　　　　販売部　Tel.03-5395-3625　業務部　Tel.03-5395-3615
編　集　株式会社　講談社エディトリアル
　　　　代表　田村　仁
　　　　〒112-0013　東京都文京区音羽1-17-18　護国寺SIAビル
　　　　編集部　Tel.03-5319-2171

印刷所　凸版印刷株式会社
製本所　大口製本印刷株式会社

定価はカバーに表示してあります。
落丁本・乱丁本はご購入書店名を明記のうえ、講談社業務部宛にお送りください。
送料小社負担にてお取り替えいたします。なお、この本についてのお問い合わせは、講談社エディトリアル宛にお願いいたします。
本書のコピー、スキャン、デジタル化等の無断複製は著作権法上での例外を除き禁じられています。
本書を代行業者等の第三者に依頼してスキャンやデジタル化することはたとえ個人や家庭内の利用でも著作権法違反です。
ISBN978-4-06-299610-5　N.D.C.596　79p　23cm　©Tamao Sako 2014　Printed in Japan